الثُهمه عربي

طارق التريري

Published by 2022 ,طارق التريري.

While every precaution has been taken in the preparation of this book, the publisher assumes no responsibility for errors or omissions, or for damages resulting from the use of the information contained herein.

التُهمه عربي

First edition. June 10, 2022.

Copyright © 2022 طارق التريري.

ISBN: 979-8215301708

Written by طارق التريري.

لكُل مُحبي الشعر أتمنى أن ينال العمل رضاكُم

طارق التريري

ولاد الكلب

احنا ولاد الكلب البُعدا
احنا ولاد الخدامين
والصابرين على أي مُصيبه
وكُل كلامنا يا ريت وأميين
لأ يُها حد نقولها ونهتف
بس بننسى ولا الضالين
ودايماً فينا يضلوا ويطغوا
ولا ب يراعو أُصول الدين
ولا اخوات ولاحق الجيره
ولا شايلين بسببهُم طين
شبه سراب عايشين في بلدنا
هُما وبس المصريين
إحنا ولاد الكلب البُعدا
واحنا ولاد الخدامين
والدايرين في سواقى الدنيا
للقمه عيش ولا شبعانين
هُما الظابط هُما القاضي
واحنا أ كيد المسجونين
عاجبك تخدم فيها؟ اتفضل
لو مش عاجبك؟ شيل الطين
وحاول فيها تدبر نفسك
واعرف حد من الواصلين
واحشُر ضلك تحت عبايتو
أمِن نفسك قول يامُعين
وأيُها كلمه يقولها ابصُوملو
وتخن صوتك قوللو أمين
وتبقى ضمنت ان انتا مكمل
عيشه فبر المصريين
اه مش يعنى مواطن كامل
بس اهو احسن م الباقيين

احنا ولاد الكلب البُعدا
احنا ولاد الخدامين
ويفتكرونا ساعة ما بتغرق
مدوا إيديكُم شيلو الطين
وبس يادوب بدأت حتخضر
بدأوا حصارنا بجيم وبسين
تعرف مين؟ مش عارف إمتى؟
وشوفتو ازاى؟ وبعتلو مين؟
وأي كلام ونقول سامحونا
واحنا أكيد الغلطانين
ونفرح جدا حنوا علينا
وادينا عايشين
احنا ولاد الكلب البُعدا
واحنا ولاد الخدامين
وهُما سياد أسياد أسيادنا
واحنا اللى ماكوناش فاهمين
ولما فهمنا؟ وقولنا ياثوره؟
ثورنا وجبناهُم أسيادنا
وبرضو رجعنا نشيل الطين
والمقامات محفوظه ياسيدنا
وأُم نيازى غير أُم حسين

الضجر

لسا بتجيب أخرها
لسا بتنِز فيك
بتنقط نُقطه نُقطه
وشمتان الجرح فيك
بيعذب سِنه سِنه
عايزك وبدون شريك
وكأنك تارو وحدك
وما صدق يلتقيك
عاشق لمص دمك
مهما بترفع إيديك
وتقول خلاص كفايه
بيكمل نهش فيك
مهما بتصرُخ بينهش
يغرزها سنانو فيك
ومافيش غير حل واحد
إنو يخلص عليك
والموت ساعتها رحمه
أهون من نهشو فيك
وأقلو تلاقى مهرب
واشكُر بقى بوس إيديك

صانع الأحلام

وياصانع الأحلام
دايماً بتنساني
عارف بيوت الكُل
وناسي عنواني
وان قلت لك ناجح ؟
تقوللى دور تانى
حاول ولو مره
إنك ماتنساني
وامنحنى لو مقبول
وبلاشهاده دور تانى
نفسي أخطى السور
واشمت في أحزاني
واروح لفصل جديد
ويبقى عنواني
عندك خلاص معروف
وماتنسانيش تانى
وياصانع الأحلام
دقق فعنواني
وماتنسهوش تانى
قُدامى فرح كتير
وباعدى احزانى
أحفظ بقى العنوان
وماتنسانيش تانى

شروط الحِلم

وانادى الحلم
أشاورلو وابوس رجلو
تعالى البيت أهو قريب
يبحلقلى ويتاوب ويتململ
وبالعافية يقول طيب
معاك تصريح؟
وعندك نت وموبايل
وفيه م البيت كافيه قريب؟
وهل فيه دليفرى بيجيلكُم؟
وهل فيه حد يضمنكُم؟
وهل مامتك دى هاى وسبور؟
وهل فيه حد يخدمكُم؟
وبالمره رصيدكُم كام؟
لأني صراحه بعرفكُم
وزاهد كُل أشكالكُم
وكاره دُنيتى منكُم
باحب القهوه مظبوطه
واحب اشرب عصير قوطه
وملحو خفيف وورشستر
دا اسم الصوص يامُتخلف
وبعد العصر انام حبه
بدون ماحد يتفلسف
ولما اصحى الأقى الكيك
وبعدو الديك ومتكتف
حذارى باباك يكون لمسو
لأني عارفو متشحتف
حياكُل كل دا لوحدو؟
بدأنا ياسيدى يتفلسف
وبعديها باخُدلى بريك
نقول ساعتين نقول اكتر

لحد الماتش مايبدء
تصحيني عشان أفطر
وتعمللي الكابوتشينو
وبازعل لو حتتأخر
وساعة الماتش باضايق
من اللى يلت ويكتر
كلام وحديت وأبصر أيه
بسرعه الأقينى باتزرزر
باحب هدوووء في وقت الماتش
واحب اطفى وأعفر
تقولى الكنبه تتوسخ
في داهيه الكنبه تتغير
وفى السهره نقوم نُخرج
وجيب أُختك وهات ماما
بلاش بابا
ليصحى الصُبح متأخر
نروح ديسكو كدا نفرفش
ونرقص ايوا انا وأُختك
وخد مامتك كدا اتمخطر
ولما تخلص السهره؟
أكيد طبعاً دا وقت النوم
مااحبش حد بيشخر
ف حاستأذن أبات برا
واجيلكُم بُكرا متأخر
وبس ياسيدى دى شروطي
عشان أقبل واشرفكُم
ويبقى الحلم جه بيتكُم
فروح يا حبيبي شور مامتك
وقوللى امتى انوركُم؟
ولو وافقُم أكيد قولى
وتبقوا تفتحوا إيميلكُم
كلامي شكلو مش عاجبك؟

التُهمه عربي

عارفكُم حافظ اشكالكُم
بتوع الحلم بلوشي
خلاص يا حبيبي فتحنا
عرفنا كُل أشكالكُم
وشالوا الدعم من بدري
هنيالنا و عُقبالكُم
عشان تحلم تعالى ادفع
حتوحشنا أوى ايامكُم

مع الرصين

خلينا مع الرصين
ونشوف أخرة رصانتو
يانندعق بطين
ونروح فدا لسعادتو
يانبقى مع الرصين
ويتنفخ في صورتو
ويقولوا مع الرصين
نقول عاشقين سيادتو
وناكلها ان شا الله طين
لكن عاشقين سعادتو
ومدام مع الرصين
أكيد يابُكر أحلي
ولو انهارده طين
حتبقى احلى وحله
وكل فين وفين
تحتاج عنينا كُحله
نتملى في الرصين
ترجع عنينا أحلى
ومادمنا مع الرصين
يبقى اللى جاى أحلى
وان جابت برضو طين
حنقول لمتنا أحلي
ومادُمنا مع الرصين
فكُل شئ يهون
فُكك بقا م اللى ماتوا
أو غاروا في السجون
يا ما الستات بتولد
وياما بتحبل بُطون
مش كل شويه تدوش
وتقوللى عائدون

أهو راحوا فداهيه خُلصُم
وارتحنا من الدقُون
والكُل اهو عاد مشايخ
حتى بتوع الصابون
ومُش لازم يعنى فتوى
اللى بتهواه يكون
بس انتا تشد حيلك
وتدعى للرصين
حتلاقى هواه في قلبك
وتبقى مع الرصين
ومدام بقيت معانا
يبقى انتا مع الرصين
وبقينا الكُل واحد
بقينا مع الرصين
فاصرخ وعلي حسك
ايوه احنا مع الرصين
ويارب يزيد رصانتو
واقبلنا مع الرصين

العُمر

عُمرى ياشوية أماني
بس أغلبها اتسرق
واللي باقي يادوب أغاني
وحبر وشوية ورق
خطوتين والحلم يخلص
واللى كان خل افترق
أد ما كديت في عُمرى
ما استفدتش غير عرق
واللى فاضل فيا شمعه
كل لحظه بتتحرق
والكمنجه وترها صدى
لحني فيها ب يتخنق
واللى جاى طوفان وجامح
صعب نفلت من الغرق
يلا بينا نزيد بُخورنا
يلا قلبى بنتحرق
يلا خلصنا الحكايه
ويلا لمينا الورق

فى انتظار الحلم

خطوتين والحلم جاى
فاعمليلو معانا شاى
وزودى السُكرشويه
ولقمتين كدا مالطُراى
واربى برضو الباب شويه
لاجل اشوفو وهوا جاى
ونضفى السجاده اكتر
وابعتيلنا تنين قواي
م المخدات الجديده
وابعتى اشتريلنا لاى
أصل لاي الجوزه فرقع
واما أقوم انا اجيبلى ناي
أي زيطه نقابلو بيها
تتعزفلو وهوا جاى
إسمنا الواجب عملنا
وزينا زى اللى هاى
وع الكلام دا بقالنا مُده
وبُكرا بعدو الحلم جاى
ناس يقولو خدوه تحرى
وناس يقولوا دا بخ باي
بس انا باعمل حسابي
وبُكرا بعدو الحلم جاى
ومسجونين أنا والوليه
جنب برادك يا شاى
تنشف اللُقمه الطريه
وانقهر واصرُخ في ناي
بس كل كلامنا واحد
بُكرا بعدو الحلم جاى

حقود

وعرفت ناس كتير
لازم مسافه منهُم
حتى فصف الصلا
وتكون سعيد وجداً
لو راحوا المقصله
ولكل شئ وشوشهُم
دايماً متفصله
في المعزا تحسو مُقرئ
ويئمك في الصلا
وفى الفرح تقول غازيه
والبدله مفصله
والكُره فقلبو طابع
وغريزه مأصله
لا بتصرفو استعاذه
ولا ذكر ولا صلا
وان حس انك حتفرح
في عنيه بينقرا
على ايه فرحان ياخويا؟
بُكره التقيل ورا
وان مُت؟ وفوتهالو
تلاقيه قلبو اتهرا
ويقول لك أه يابختو
دى الدفنه منوره
ومافيش غير حل واحد
إنك ترميه ورا
وتسيبوا لوحدو يهرى
وتقوللو كُل ...

سفر الحاجات

بتسافر الحاجات
في سكة السُكات
ترجع حزينه جداً
تبدأ فيا العظات
لوكُنا صبرنا حبه؟
مش كان الوقت فات
أو يوم وطينا سِنه
مش كُنا في التبات
ودانا لفين وضُوحنا؟
غير شوقنا للمات
وعطشنا فكُل لحظه
للفرح والحاجات

التُهمه عربي

والتُهمه؟ ان انتا عربى
والذنب؟ إنك فقير
والحل؟ إنك تكمل ....
وتعيش عيشة الحمير
تفرح باللى اترمالك
من تبن ومن شعير
ترقُص مدبُوح لسيدك
وتكابد في المسير
لرغيف مالهوش نهايه
وبيدلل كتير
ساعات تغوص تحايلو
وساعات تطيرلو طير
وكتير تحلم تقابلو
ويكون الحلم خير
وينوبك حته منو
نتقوت للمسير
ياإما؟ تمشى حالك
وتستأجر ضمير
دا لولقيتو يعنى
وياريت يكون ضرير
ولوحدو دا مُش كفايه
برضك محتاج كبير
توطى تبوس في إيدو
ويكون لك الأمير
يا نشوف في النشره صورتك
ويعلنوا التقرير
عن تفجير انتحاري
ومُجرم كان خطير
وساعتها التُهمه تسقط
والذنب يهون كتير

مبروك مابقيتش عربى
واتفضل يلا طير
في الجنه مافيش حُكومه
ولا سُلطه ولا أمير

ضمير

ساعات تظبُط شويه
وكتيرجربوع فقير
لكنى في عز فقرى
ما فاوضتش ع الضمير
ما حلمتش غير بستر
والستر كمان كتير
وشويه تروق تزهزه
واما بتعند كتير
والسور يكبر ويعلا
واحرُسنى وانا الأسير
واخاف لاخطفني منى
وارميني فأى بير
وارتاح من سجن همي
وارحمنى ومُش كتير
انى أريح شويه
واعيشها بنظره غير
ومش لازم الستر كلو
بس ماابيعش الضمير

أحلام عتيقه

ومين في بلادى؟ ما لطمشى
على صداغو ولا قالشى
كفايه حرام
وصر الحُزن في قلبو
يئن وكابد الأوهام
وعافر وانتظر تطرح
وراهن نفسو للأحلام
وفجأه؟ الحلم يندهلو
يقوللو ..... ها؟ بقيتوا كام؟
وانا فاكر
حزين كان جدك الأكبر
وعافر برضو واتصبر
لحد ما نام
وطالت نومتو ع الأخر
وولى وورثك أوهام
فاكر هُم كل أجدادك
وقدري انى اعيد فى كلام
مافيش واحد فهم فيهُم
ونفسي تفهم انتا تمام
وحاول تشترى نفسك
وتصحى وبطل الأحلام

معكوكه

واقول لنفسي ساعات
حاول تداديها
وان عصلجت سيبها
وشوف اللى بعديها
واكيد حتتسهل
ترجع وتنهيها
وأكيد أكيد يعنى
حيكون حلول ليها
وتبتدى تغمق
زى اللى قبليها
واقولى ياغُلبى
أغرق بقى فيها
واحاول افسرها
تقفل معانيها
ف ابدء والملمها
جنب اللى قبليها
واحاول اتحايل
على اللى بعديها

لما البيوت تطرح

لما البيوت تطرح بيبان
حابقى ابتسم
وازرعني ورده على الجدار
وابقى اترسم
ضحكايه رانه فكُل بيت
وبتنقسم مليون صبيه
بتنتظر همس النهار
ع الوش ترسم ضحكها
وف القلب نار
والحلم طاقه بتتنحت
صلب الجدار
وضوافرى نابشه بتنحتو
والريق مرار
صبار كتير فيا اتزرع
ومافيش مسار
غير ان حُزنك ينتهي
وان البيوت تطرح بيبان

بلاد ساعة الميلاد

بلاد بلاد بلاد
وانتا وساعة الميلاد
مقسومه وب الميعاد
وانتى وبختك يابت
وانتا وحظك ياواد
يابلاد لسا فشبابها
يا بلاد كلها الجراد
ويا بختك لو ماتيلدا
ويا غُلبِك لو سعاد
ويا سعدك وانتا ديفيد
ويا ويلك لو فؤاد
بلاد. بلاد بلاد
بلاد تعشق عيالها
وحواليها تلمهُم
ترسم تفاصيل حياتهُم
تشاركهُم حلمُهم
تزرع فيهُم هواها
وتغنى لمجدُهم
يتساوى الكُل فيها
ولاتفرق عندُهُم
ما فيهاش حاكم مُخلد
أو يفهم عنُهُم
يرحل من غير مُظاهره
ولا يحرق دمُهُم
حتة صندوق صُغنن
ويمارسوا فحقهُم
ويجيبوا حد تانى
ولا عين ترمشلُهُم
وما حدش قال خيانه
وماحدش ذمُهُم

نسيوه ولاصانوا عشره
ولا حنش قلبُهُم
فيها أيه لو كان يكمل
ودا واحد منُهم
والأغرب إنو راضى
ولسا بيضحكلُهُم
ومافيش سجون بتفتح
بالليل وتلمُهُم
ومافيش بيان بيصدُر
من جيشهُم عنُهم
وانو حيضطر ينزل
ويصحح وضعُهُم
وبلاد تكره عيالها
وتمُص فدمُهُم
تصحى تفتش جيوبهُم
وتعري في لحمُهم
تكتم فيهم نفسهُم
وتضيق خُلقُهم
يتساوى الكُل فيها
في الغُلب وهمُهم
والحاكم ضل ربك
وبيُعبد عندُهُم
والباقى إدى انتا عايشو
ومُستعبد عندهُم
بلاد بلاد بلاد
وانتا وساعة الميلاد

حُزن إلكتروني

طول صمت الموبايل
جف خلاص الإيميل
ومابقاش فيه حد يسأل
وماحدش عندو ميل
يُجبُر ويبل ريقك
لو حتى بميسد كول
والفيس ولاحتى لايك
شوفت ولاد الأُصول؟
فجأه تبان الحقيقه
وتشوف كل الفُصول
وابدأ فرمت حياتك
دلت فيك الفُضول
واعمل ابديت لقلبك
واكتب صعب الوصول
ري ستارت ويلا حمل
واحذف وبدون ذهول
واعمل باسورد تانيه
وجدد كل الفُصول
حيجيلك ألف رنه
ويوصل لك ألف ميل

رسالة النايب

عزيزنا المواطن
شاغلنا بهمك
بنسهر نحايل
نادي فأُمك
عشان ترضى عنا
يروق لينا دمك
تقوم تنتخبنا
ونخدم فأُمك
وشكراً نجحنا
فسلم على امك
وشوف يا المواطن
ياحُزنك ياغمك
تحاول تهلفط
وتغلط فعمك
حتخسر كرامتك
تزود فهمك
فشُكرا لصوتك
وسلم على امك

نوام في البرلمان

نوام في البرلمان
الله على حُسنُهم
وإياك يفلت لسانك
دا ماحدش قدهم
ضربه بكعب الحصانه
وتفارق برهُم
وشرفت الُتربه أهلا
ولاحتى يهمُهم
صوتك وخلاص بصمتو
ولوحدو اهو راحلُهم
ونشوفك بعد دوره
واكيد صوتك لُهُم
فادعي يطول في نومهم
ويبيض وشهُم
أكيد نايمين عشاننا
وبيناقشوا فحلمهم
يلغوا الرق فبلدهُم
وحنصبح زيُهم
مش زيُهم تماماً
لكن اهو جنبُهم
ناخد جنب بقرفنا
ونداري فضلُهم
أو ح يشيلوا الحُكُومه
وينتقموا لشعبُهُم
اللى خلاص ع الحديده
واهو ملط قلعلُهُم
فيارب يطول مناهُم
وتبيض وشهُم
نوام في البرلمان
الله على حُسنُهم

وبيحلموا لبلدنا
الله يباركلُهُم

بلدي صدى وصوت

الصوت

بلدى

بلد المشاعر

والناس الطيبين

الصدى

بلدك ضربت مجاري

والناس بتشيل في طين

الصوت

ملاينه بالحكاوي

وغناوى العاشقين

الصدى

مافيهاش غير البلاوي

والناس متكهربين

الصوت

صابرا ورغم البلاوي

مابتعرفش الأنين

ويزيد الجرح فيها

يتلموا العاشقين

يطببوا ف وجعها

ويخففوا الأنين

الصدى

طهقت خلاص بتُلطم

وبتستلف إيدين

عشان تُلطُم زياده

من قهر الديانين

جنوبي

ومن جنوب جنوبك
لكن سكني الشمال
ما فاوضتش مره فيكي
ولا تقلتك بمال
عاشق كُل اللى بيكي
حتى آنين العيال
وباحلم مره اشوفك
راضيه وبتقولي عال
للغايب فاتحه بابك
بتنادى بشوق تعال
ومطمنه الغلابه
وبتوعدي العيال
بُكرا اللى جاى ليهُم
والعدل ماهوش مُحال
يتحقق يوم في برك
مره ينولوا الآمال
رغيف وضل حيطه
ونُكتتين جُمال
نضحك ونزيح هُمومنا
ونقول دا بُكرا عال
ومن جنوب جنوبك
لكن سكني الشمال
وحفيت م العشق فيكي
وتعبت من السؤال
امتى حيتشد عودك
وامتى يهل الهلال

كتب الكِتاب

كاتب بيكتب واتكتب كتب الكتاب
بصت مراتو وكملت
كان يوم هباب
همست حماتها ومصمصت
شوفنا العذاب
ردت حماتو وكملت
جالنا الغُراب
معازيم وطلعت بحلقت
فين الكباب؟
ياعيله واطيه ومُجرمه
لحمة كلاب؟
واحلام كتيره بتنتهى
وبدأ الضباب
ديااانه واقفه بتنظر
على كل باب
وعيال كتيره بتتولد
بدأ السباب
وصاحبنا كاتم ائنتو
بيكتب كتاب
عن عيد جوازو
وفرحتو بكتب الكتاب

العرض الأخير

فجأه بتلقاك بتخلص
صوتك مليان آنين
مشغول بس بضبابك
بتلملم فى الحنين
أيام ومُحال حترجع
رجعت قبلك لمين
صدق بس انهزامك
واضح مالي العينين
شاخت فيك الحكاوي
ولعبت دورها السنين
والمسرح بادى يفضى
من الناس والمُنشدين
اكتب وانشد لنفسك
وامضغ جواك أنين
نزلت فيك الستاره
تتهادى بكوم سنين
والعرض خلاص بيخلص
قوم قولك كلمتين
واصرخ وارفع في صوتك
لله مُتفرجين
لله متفرجين

تين شوكي

ماشي ف ضل القصيدة
وشاخت فيا السنين
ساعات ب تبل ريقي
وكتير تعزف أنين
واحلم واشتاق لمنجا
ويطرح جوايا تين
غارز في القلب شوكو
وينادى المُنشدين
دوقنا ياعم طرحك
واصرُخ واقول منين
منجايتي خلاص بتنشف
والطرح فقلبى تين
غارز في القلب شوكو
والشوق للحدادين
سكينه حاده جداً
والنصل يكون متين

انا وانا

وساعات
ب ادارا منى
وساعات
بازعل شويه
وكتير بوحشنى خالص
وادخُل أدور عليا
وأقول للصمت طوول
مُشتاق أسمع شويه
وف عز الصمت الأقى
نفسي بتنده عليا
وتقول لى اللبس هُدومك
وانزل دور عليا
والقاني لنفسي باصرُخ
مُمكن نرتاح شويه؟
تُصرُخ تُعصر ضُلوعي
أنزل دور عليا
والاقينى بسُرعه نازل
مرعوب ليبان عليا
معقول أكون عملها؟
وانى مبلغ عليا
واحلم حالقاني يمكن
وانى حارجعني ليا

فطار الريس

سؤال لكل مصري
واللى يجاوب عليه
يكسب معانا حصري
فرخه بستين جنيه
أو ربع كيلو لحمه
بس الخُضار عليه
الريس والحكومه
فطروا انهارده ايه؟
جنب الفطير مشلتت
بالقشطه وطعمو ايه
بيرُد الروح لوحدو
وكمان عسل عليه
والجبنه تلال ياعم
رومي ومالح وعادب
واصناف ماا عرفش ايه
دول محتاجين مجله
وسي دى نحمل عليه
والبيض أبو سمنه بلدى
واربع انواع باتيه
والكورواسون مقرمش
والحشو اقولك ايه
والسالمون كان مدخن
والشوق باين عليه
والنحل بنفسو حاضر
يعمل عسلو بإيديه
ودا غير صف المربى
تفاح وخوخ وايه
وماقولكش العصاير
خايف تُلطُم يابيه
اناناس مانجا وفراولة

وحاجات تعرفها ليه؟
ح تكرهك في عُمرك
وتزعلك عليه
والشاي؟
ليبتون بنفسو
حاضر يشرف عليه
ياسمين لامون فراولة
وكل اللى تقول عليه
والقهوه ؟
كأنو مصنع
فاتح ماتقولش ليه ؟
لازم ظبطةً مزاجهُم
ويريحوك يابيه
ولو انتا لسا عايش
قولى الإجابه ايه
جاوب خلص بسرعه
وابعت عشرين جنيه
الفرخه ياسيدى غليت
صبحت تمنين جنيه
وكلامنا من البدايه
فرخه بستين جنيه
وخلص وابعت بسرعه
طالعين فاصل يابيه
فيه بيان هام للحكومة
بيشوفوا حنطفح ايه

الأكل فى مصر

الأكل ف بر مصر
ماعادش لُه لزوم
بيزعل الحكومه
وتبدء عليك تزووم
وعلى ايه حتهين كرامتك؟
إنوى وخليها صوم
اللحمه؟
خلاص نسينا
وارتحنا من الهموم
والفاكهه؟
خلاص عرفنا
بتبقع في الهدوم
اما الفراخ؟
فطارت واهي طلعت م الهدوم
اما الاسماك؟
في بحرو
والبحر فيه غيوم
بالذمة؟
حتاكُل انتا وهو يعد النجوم
بعد المركب ماغرقت
دخلت جوا الغيوم
وخلاص ياحكومه حاسكت
ارجوكى كفايه لوم
حاقبل بأى حاجه
ان شا الله ياستي دوم
واهو يوم نصوم ياستي
ويوم ننحت في دوم
لحد ما يجي يومنا
وترتاحي من الهموم
ونغنى نقول يامصر

الأكرم فيكي صوم

متشكرين ياريس

من مية مليون مواطن
بنروح السوق نبُص
نتفرج ع البضايع
ونمُص الجوع نمُص
ونشيد أسواق بلدنا
اتفرج يلا بُص
وعملنا خلاص نقابه
ومحتاجين لبوس
متشكرين ياريس
ولا نقول لك يابوس؟
جابت خلاص أخرها
وحكومتك هُس هُس
هيا تصنع مصايب
واحنا نغلف نرُص
والسهم لا بُد صايب
حتى اللى نُص نُص
كان واقف ع الحُركرُك
ومابقاش قادر يبُص
في عيون بتلومو دايماً
وتقوللو أخرس وهُس
لما يعد انجازاتك
ع الواحده اه ونُص
نفتح باكو المعسل
ونقوللو يلا رُص
يخرس ويلم نفسو
ولانسمع حتى حس
بطل خلاص يهلفط
وبقى كُل همو رص
والصبح يقوم معانا
ونروح السوق نبُص

ضُمك إليك

والحُزن وحدك تُسكُنو
بس انهيارك ع الملأ
كُل العيون بتشوفوا ايوا
وتعرفوا وتتهجى فيك
وحدك ووحدك
وفساعات تشتاق إليك
ضلك يفارقك
تشتهى تسلم عليك
فيك الرحيل مليون قدر
مكتوب عليك
والفرح توب وبتغزلو
وتهديه إليك
تعمل بروفه تجربو
ضيق عليك
وتفُك فيه وتعدلو
واسع عليك
تبدء تخُش ف تمتمه
وتهمسها فيك
تفضل تعاين
ف السما وترفع ايديك
والحلم طاقه بتترسم
طاله ف عينيك
بابك يخبط تفتحو
تسلم عليك
كل الأماني بتترسم
تشتاق إليك
حاول تجرب واندهك
ضُمك إليك
حتلاقى فرحك
ع الملأ ينده عليك

مفلس

حازعل منك لو تُنكُشنى
تقوللي ازيك؟
سيبنى فحالي الله لا يسيئك
وابعد عنى الله يخليك
واصله معايا لحد الأخر
خُد لك جنب خلاص واتاخر
كمل سيرك شوف مصلحتك
ولو صممت؟
اهو جبتو لنفسك
مش مستحمل حتى ازيك
وشكراً جداً لو مارغيتش
وقولتلى مالك
تبقى جميله وراح اشيلها لك
يبقى جميل وعملتو سعادتك
كتر خيرك سبت وداني
وصُنت كرامتك
من هفوات على طرف لساني
لو حانطقها خسرت سعادتك
كُل مشاكل الكون فى جيوبي
واضحه وباينه أظُن سعادتك
إني مفلس جداً
والترياق مش قولة ازيك
أو دعوات تهمسها سعادتك
حل وحيد وبسيط ويريح
تملا جيوبي بدعم سيادتك
اما ازيك يبقى حنزعل
وتسمع مني واهو انتا وبختك
سيبني فحالي الله لا يسيئك
وابعد عني وشوف مصلحتك

عاشق مفلس

كداب لو قلت زاهد
أو ف الغرام ماليش
لكن فراغ جيوبي
هوا اللى ماودانيش
لجنة الصبايا
وفتحلي وقالي عيش
ومستنى جيوبي تطرح
وساعتها يكونلي ريش
اطير لفوق وارفرف
وادخل مايهمنيش
تندهلى أحلى الصبايا
تهتفلي يعيش يعيش
واسهر اغنى فهواها
وللعشق خلاص حاعيش
ونروح لبلاد بعيده
وتقدر تقول ما اجيش؟
حاطلُب مية واحده غيرها
وحاطلُب مايهمنيش
والحُب لوحدو يطرح
ماهو فقر خلاص مافيش
والجيب خلا المشاعر
أقوى وطلعلي ريش
حاعشق خلاص براحتي
حاعشق مايهمنيش

مية مليون مُدان

فى بلدنا الكُل مُجرم
والمية مليون مُدان
وحوالي ميتين برئ
طبعاً هُما الحكُومه
والعيله وكم صديق
من عُشاق المباخر
والإصلاح الجريء
والباقى يروح ف داهيه
أو حتى يموت غريق
وان كان عويم وفاهم؟
أهي حادثه على الطريق
وان خربت؟ طب ماتخرب
طول عُمر بلدنا ضيق
تطلع م البحر تدخُل
من تانى في ميت مضيق
ولايوم كفاك رغيفها
ولا مره اتبل ريق
دلوقتى خلاص ب تفهم
عايز دم البريء؟
ناويين وبرغم أنفك
حنكمل الطريق
ومافيش غير حل واحد
للإصلاح الجرئ
ساعدنا وموت بسُرعه
وبلاش تكون بطيء
وكدا يقل المُدان
ويزيد عدد البرئ

أيام واتسرسبت

أيام واتسرسبت
واجهز بقى ل للي جاي
زود جمر المباخر
سلم كل حي
والكُل بيطفي نورو
والكون مشتاق لضي
لساك بتنام وتحلم
وبحلم مالوهش زي
عمل اللي عليه وقالك
والله ماهوا جاي
مابقاش النبت قادر
مهما تزود في ري
ومهما ب تزرع براءه
تطرح تلاقاها غي
صابح بتقول معايا
وتمسي دا كان علي
الحلم خلاص نواها
وحلف بالله ماجاي
والطاقة خلاص بتقفل
مصلوب ف عيونها ضي
نزل فيك الستاير
واهمس تمتم ياحي
الكُل وراح مكانو
وانا إمتي الدور علي

عايش حُزنك

عايش حُزنك وتمتم
سبحان من أبدعك
تتحرك أي خطوه
من عشقو ب يتبعك
تتناسي الهم لحظه
يحسب ويسمعك
تعمل سرحان شويه
يتشد ويرزعك
قلمين بوكسين تلاته
ويقول فين يوجعك
وان قُلت انا ح ارمى نفسي
في البحر يكون سمك
ويجيب دلافين كتيره
وبالقوة بتمنعك
تغرق ترتاح لوحدك؟
من غير مايكون معك؟
يضحك يهمس في سرو
يا اهبل مين طمعك؟
إنك مُمكن تودع؟
من غير انا ماتبعك
عاشقك من يوم ميلادك
وبإيدى مرضعك

غياب

مش كل الورد يدبل
مش كل غياب نهايه
من يوم مازرعت وردك
مابتخلصش الحكايه
للعشق وللأماني
وحاجات بدأت روايه
تشاركني ف عز نومي
والصُبح تقوم معايا
تفتح شباكها قبلي
تنقُش في العشق ايه
تكتب وتقوللي سمع
عيد الكلام ورايا
وادخل رشرش عُطورك
واسبقني على المرايا
هندم نفسك وجداً
خليك في الحُسن ايه
والجزمه تكون بتلمع
وابدأ يلا الحكايه
ابعت بعنيك قصيدة
وارسم بإيديك ورايا
واسبق واحجز مكانكُم
واسرح واكتب روايه
يمكن تيجي انهارده
وتكملوا الحكايه
ولساها ماجتش برضو
بكرا نعيد الرواية
وابدء حضر لبُكرا
واهمس كمل ورايا
مش كُل الورد يدبل
مش كُل غياب نهايه

حجر المعسل

واديني ياسيدي صابر
ونشوف اخرتها ايه
واهوا كُرسي فـ أي قهوه
وانا متلقح عليه
قهوه وحجر المعسل
وباطلع غُلبى فيه
والبط فكُل حته
والشوق كُلو فعنيه
قايد عطشان بيصرخ
طيب والحل أيه
ظبط حجر المعسل
زودلي النار عليه
واكتم وابعت رسايلي
أشواق مرسومه أيه
دخُان وكأنو لوحه
لبيكاسو أو مانيه
والبط بعتلي شاور
طيب والحل أيه؟
ومافيش غير حل واحد
سهل ومقدور عليه
بسيط ومثالي جدا
واهو اخرو اتنين جنيه
ظبط حجر المعسل
زودلي النار عليه
خليني ارسملي لوحة
واطلع غُلبى فيه

ضِل

ضلى مرمى على الطريق
هادى مُستسلم برئ
ماشي بيدندن برقه
وفجاه بيضيق الطريق
مية شُعاع بتمُر منو
وينحسر يبدء يضيق
ألف ضل تمُر جنبو
وننحشر جوا الطريق
ضل مستعجل ومادد
ضل متهادى وبطيء
ضل واخد جنب وحدو
وضل بيهز الطريق
ضل كل الضل عايزو
ومنتظر يديلو ريق
شد ضلى وقال رايحلو
وفجاه حادثة على الطريق
ضلى متبعتر بيصرخ
نفسي اروحلو وابل ريق
وفجاه ضل ونور سارينا
أوعى وسعلي الطريق

مُدمن

وهمان إن الهروب
حجرين وشريط حبوب
تكدب وتمنى نفسك
وتقول أيام واتوب
فجأه الأيام بتخلص
ودخلت على الغروب
جُدرانك وهم بايش
وانتا ترصص في طوب
عمرو ماحيقيم جدارك
ويوفرلك هروب
ماخلاص راحت شموسك
ودخلت على الغروب
وماعادش خلاص فاضلك
أيام علشان تتوب

عتاب

وعلى أيه؟
حنتعاتب
ونحكي ونطول
لا حُزنها دايم
ولاسعدها مطول
ومسيرو يابُكرا
حتبقى عام نول
وانتا بقا وشوقك
والنفس بتسول
ساعات تكون صادق
وساعات بتتحول
وساعات بتفهمها
من قبل طيرانها
وساعات بتتغابى
وتقول من الأول
وما كانش دا طبعك
قبل اما تتحول
ف على أيه؟
ح نتعاتب
ونحكي ونطول

أُم اللجان

ولجنه جديد نوفى
واهي باديه بتنبثق
من لجنه لذيذه جداً
وانبثقت قبلها
ومش فاهم أي حاجه
لكني باحبها
وبادعى يتم انبثاقها
على خير ويتمها
وواحشنى أوى انبثاقها
وحأقوم أرقص لها
وحاجيب شخاليل كتير
وعيال نهتف لها
يام اللجان يابلدى
ياعظيمه ف بثقها
بتشتل م اللجنه لجنه
ونتقابل بعدها
ونشكل لجنه تانيه
منبثقه عن اختها
ويطفح فينا انبثاقها
ونتجمع بعدها
نرفع كف الضراعه
ويارب تحلها
وتنبثق اللجنه فيهم
وتحصل أُختها
تشفينا من انبثاقهُم
وتتعدل بعدها

زلعة مش

فرعون أول
فرعون تانى
وفرعون تالت
وعُمر الفرحه
فقلبى ما طالت
عُمر الفاكهه
في شجري ما طابت
عُمر الزرع ما دوقت حصادو
وكل نصيبي الفول النابت
وزلعة مش
ورثها ابويا ف جدو التالت
وياريت دامت
وجاي فرعون
بيقول الزلعه ياإما ضرايب
وانا مش خايب
عاشق زلعة جد أبويا
لايمكن اسيبها
ف يبقى ضرايب
واعمل لجنه ياسيدي وقدر
شوف ضريبيتها؟
وزلعة مشي لابد تكمل
في الأحفاد للجيل التالت
وبرضو يجيلهُم يوم فرعونهُم
يُطلب منهُم نفس الزلعه
يا إما ضرايب
وبرضو يرُد حفيدي التالت
نفس الزلعه
وبرضو ح يفضل
نفس الموقف فينا وثابت
لا الفرعون حيسيبنا فحالنا

ولا حندوق غير مش ونابت
تفضل نفس الزلعه املنا
ويفضل نفس الموقف ثابت

مالو بيكي

مالو بيكي النيل ياسمرا
مالو بيكي
ساب مراكبو وساب قلوعو
ومتعتو يدور عليكى
دارا كُل مشاعرو عنا
وكل فيضانو لعنيكي
كل ما بتهلي يصفا
ويبتسم ينده عليكى
تلمسيه يبدء نشيدو
ويتنظم لولى فإيديكى
يستكين من نظره منك
يرتوى ويسكُن عنيكى
وتبعتي كفوك وتملى
تأسروا الحنه فإيديكى
ويرتعش نشوان لضللك
ولفواح العطر فيكي
ويوسمو فخشب المراكب
تنتشي يشاور عليكى
تعشقك تفرد قلوعها
ورفرفت تترجى فيكي
توعديها بعطر دايم
وبحنين من نور عنيكى
تهتدى بنورك في ليلها
ترتحل وتعود إليكى
تعشق النيل انو عشقك
وان كُل غرامو فيكي
وتبتدى تلملم قلوعها
وتشتهى العطر اللى فيكي
واحنا لسا سؤالنا صاحي
ومحتارين في النيل وفيكى

ومالو بيكي النيل ياسمرا
مالو بيكي

حارات جديده

دبلت فيك الحكاوى
وقفلت بابها البيوت
مابقاش شباكها يفتح
مهما تحاول تفوت
مهما تصفر وتهمس
مابقاش يوصلها صوت
والحلم خلاص ب يدبل
والكون لفو السكوت
اكتم جواك انينك
واحضُن صمت البيوت
وانقُش للحلم طاقه
عافر يمكن تفوت
حاول توصل لبرك
تدارا ومن سكوت
وانسي السكه لطريقها
وشباكها وللبيوت
وانقش حارات جديده
مافيهاش نفس البيوت

قسط اللحاف

شُركاء في بلادنا جداً
بالعدل وبالتمام
هُما مقاولين مداين
واحنا علينا الزحام
زهقوا وسكنوا ف اوربا
واحنا علينا الزُكام
باعوا العضم فتُربها
واحنا بنسأل بكام
نزرع ونكد نعرق
حصدوا وباي باي سلام
وافتح بُقك وحلي
من أطياب الكلام
ومافيش غير حل واحد
حاول تنعس ونام
شد اللحاف كويس
وماتنساش المدام
والصُبح تعدي تدفع
قسط اللحاف قوام

اسند حلمك

اسند حلمك بإيدك
وافتح جواك طريق
وارسم ضل ابتسامه
واعمل نفسك صديق
واحكيلك عن همومك
واسقيك أو بل ريق
وما تجلدش فمشاعرك
وتاخُدها للغريق
حاول تغفر لنفسك
واحلم إنك برئ
مهما بتقفل حتفتح
لازم ويبان طريق
حتماً حيمُر ليلك
حتى ولو كان بطيء
والفجر مسيرو يطلع
وتمُر من المضيق
من غير ما تضيع مراكبك
ملاح وبقيت جريء
قادر للبر توصل
وتدل على الطريق

جنوني للحروف

بيني وبين الجنون
خطوه وحبة حروف
لازم ولابُد حتماً
تكمل فيا الحروف
مهما تكون المسافه
ومهما تكون الظروف
ومُحال حارجع لوحدي
أو يتملكني خوف
إلا بكنزي الحقيقي
ونصيبي من الحروف
يترسموا يروح جنوني
يتداروا احتار واطوف
يبدء فيا اشتعالي
وتسكُني كتير كهوف
وارحل لبلاد بعيده
وحارات وكمان عُطوف
واسكُن كُل الزوايا
وارفع فيا الكُفوف
لحد مايهدا جرحي
واتقابل بالحروف

عيونك والهوى طارح

عُيونك والهوى طارح
مطارح للغُنا والبوح
وقلبي والحنين جارح
بيصرُخ ردى فيا الروح
تطُلى ينفتح جرحى
ويفتح جوا جرحى جروح
وابوح لك تأسري بوحي
ويدبل فيا ياما بوح
حنيني عُمرو ماسابني
ولا يسيبني ف طلوع الروح
ومنك تبدء الرحله
وفيكى تستكين الروح
ومهما تطول الغيبه
حنتلاقى وليكي الروح
ياساكنه كُل مافيا
وواصله حد باب الروح
ياساكنه كُل مافيا
وواصله حد باب الروح
روايح من سنين عطرك
مباخر دايمه باقيه تفوح
لحد ما تنتهي الدُنيا
ويخلص م الخلايق روح
تدومي تعيشي ياخالده
ياساكنه في حنايا الروح

مزاد مشاعر

افتح كهف المشاعر
وابدأ زايد وبيع
مش لازم ورد يطرح
وانسي شويه الربيع
نضف خزنة غرامك
خلص على طول وبيع
كراكيب خنقت مشاعرك
واخلص خليك سريع
وقتك مابقاش بيسمح
وبلاش عُمرك يضيع
فى مشاعر رايحه جايه
وانتا العاشق مُطيع
مستني الحلم يكمل
ويهل عليك ربيع
نشوان يحي المشاعر
وسنين بدأت تضيع
اصحابها خلاص باعوها
وارتاح منها الجميع
فافتح كهف المشاعر
وابدء زايد وبيع

فجر

ويافجر وجاي أكيد
مهما تسافر بعيد
مهما تطول الليالي
مهما تكابد وحيد
عارف لازم حترجع
وتنادى ومن بعيد
تلاقيني محني إيدي
وراسم بسمة وليد
مستنى بشوق شروقك
كاتب مليون نشيد
مادد للحلم إيدى
وباغنى لألف عيد
ويافجر أكيد عارفني
من نظرة الشهيد
ساكنه وحافره فملامحي
من صبري وقُصر إيد
لكن حلمان حتفرج
ويقرب البعيد
والقاك بتدُق بابي
وجايب حظي الجديد
ومُش لازم أد عُمري
وسني اللي راح بعيد
فرحني ولو لليله
وافتح فيا البريد
واقرا وسمعني منو
بعد السلام أكيد
فُرجت وخلاص حنبدء
نفرح ونشم عيد

برئ

لو تعرف أد ايه؟
فى الرحله وفى الطريق
بيخيب سعي الخطاوي
ويضيع كم كان صديق
يسند فيك انكسارك
ويشيلك وقت ضيق
إيدو بتمسح دموعك
وكلامو يبل ريق
فجأه بتلقاك لوحدك
ضايع فيك الطريق
ويجيلك وقت تُسكُت
تخرس وانتا الجرئ
وتحاول فيك موائمه
وتكمل فى الطريق
تفرد قلعك وتبحر
وفبحرك مية مضيق
لكن لازم تكمل
تعمل نفسك برئ
مولود لسا انهارده
وبتحبي على الطريق

اخر كلام سيلمان الحلبي

وغريب الصمت فيكي
وانا فيا المُنشدين
قايمه تلف الموالد
وتنادى المداحين
بيشوفوا علاج لصمتك
وصعايده وفلاحين
حتى العُربان في سينا
وفي سيوه وكل مين
وصلوا الأخبار فهمها
ونتلاقى فالحُسين
قدام بابك ياأزهر
ونروح متجمعين
وابعت هات الجبرتي
يكتب ويقول لمين
من بعدى حيجي يعرف
ما مُتش مُستكين
لا خازوقهم يمحى عشقك
ولاحرقُهم يمين
كتبت بالحق ياما
آيات ومُنشدين
غنوا فعشقك وياما
جاى بُكره مُنشدين

صوت الكمان

صوت الكمان بينبش
ويصحى فيك حنين
لبلاد قفلت بيبانها
وادارت من سنين
دبلت فجأه المشاعر
نبت فيها الأنين
نسيوا العشاق قمرها
واداروا المداحين
ومابقاش قمرها يطلع
غير كُل فين وفين
طفت قناديل حاراتها
ويادوب ضل الإيدين
بيشد سراب ستاره
ويدارى كتير سنين
م العشق ومن هيامك
من سُهد وطول آنين
وصوت كمان بينبش
ويصحي فيك حنين

ماعادش يجي منو

وماعادش يجى منو
كان وهم خلاص وراح
خلصت وارتحنا منو
وهوا كمان استراح
وماعادش القلب قادر
يقبل كمان جراح
افتح بيبان سجونك
واطلع شوف البراح
وماجتش عليه ياسيدي
ياما قبلو كتير وراح
ورجوعو ماعادش ينفع
ولا حيطيب جراح
على أيه؟ تجلد في نفسك
وتزيد فيك النواح
بُكرا الايام تعلم
ومسير الليل صباح
واللى مضيق في خُلقك
حيقابلك في البراح
يرجع ويدق بابك
يندە ويقول سماح
وترُد الريح تقوللو
دُنيا وصفت حسابها
صعب يعود اللى راح

الدين الجديد

يلا ايديكُم معانا
وب نعمل دين جديد
بيقول إن اليهودى
لو مات حيكون شهيد
وان اللى فغزه كافر
لو شال سلاح في إيد
دوشنا ب أرضى أرضى
صدعنا ابن البعيد
ومطلوب يكون رومانسي
ويصحى يغنى النشيد
يرضى بكل اللي صايبو
ومايقطعش الوريد
بينو وبين ابن عمو
نُقصد شارون أكيد
يصبُر ويمشي حالو
يحمد ويبوس في إيد
مش راضيه تجيب رقبتو
وسايباه يعيش سعيد
ويلا إيديكُم معانا
وبنعمل دين جديد
لايجيب سيرة النصارى
ولايتخطى الحدود
وان الغزو الصليبى
كان جاى بشوق ودود
والبابا كان باعتهُم
بيونسو الوجود
وان كليبر دا طيب
كان بيفرق ورود
وان ما دوقناش مدافعو
ولا شوفناش الجنود

بتهد فكُل حته
واللطم على الخُدود
وكرومر كان تمرجى
وبيعالج عم هود
وسايكوس عرضحالجى
وما قطعش الحدود
وبلفور كان مصمم
إنو مايبعت يهود
واحنا اللى بوسنا رجلو
وقومنا فتحنا الحُدود
جهزنا فكُل حاجه
وبنزغرد لليهود
حيعلمونا ديننا
وحنروح لدين جديد
يلا ايديكُم معانا
ندخُل ديننا الجديد

الأزهر

لم كلابك فارقنا
وروح شوفلك دين جديد
والعب بعيد ياشاطر
وشوفلك كم مُريد
من عُشاق الغباوه
والتفكير البليد
أزهرنا دا خط أحمر
عالى وماتهدو إيد
أروحنا تراب عتبتو
وعمايمو شموع تقيد
يفضل أخر مالينا
وهوا ملاذنا الوحيد
لما الكلاب بتعوى
وتتبع شيطان مريد
وياما انزاحت جبابره
وياما حتشرب صديد
وبقت رمه في تُربها
صبحت تاريخ بعيد
وماتُذكرش إلا لما
ندعى ونرفع في إيد
الله يلعنها سيرتو
ابن الرمه البعيد
فكر يتحدى الازهر
وأديه داق الوعيد
والأزهر بس ينده
عمرو ما يحتاج يزيد
وهيا الله أكبر
نتجمع من بعيد
فجأه الألوف بتهدر
بدء الطوفان يزيد

كلو محضر في كفنو
ولابس درعو الحديد
والله زمان ياأزهر
ما سمعناش الجديد
لساك شديد وعاشق
تزرع فينا النشيد
وابو العبر بيخطُب
مادد للأنبا إيد
وسرجيوس يرتل
ومايخلصش النشيد
وتلات شهور يرنم
والخلق وراه تعيد
وجمال لساه بيُخطب
حنحرر بورسعيد
وياأزهرلسا باقى
وفكل يوم جديد
والدُنيا تروح سنينها
وانتا فعُمرك تزيد
لسا المناره عاليه
ولسا بتروى الوليد
فقه وسُنه وشريعه
وان شئت اطلُب مزيد

سورة الفاتحه الجديده

والفاتحة خلاص أخرها
اياك نستعين
وانسي الآيتين تلاته
وعلى طول أدخُل أميين
والدين لله ياسيدنا
وتطنش تستكين
أحس ماتلاقى نفسك
داخل على جيم وسين
ومين المغضوب عليهُم
ومعناها ايه؟ الضالين
شكل الإرهاب في مُخك
معشش من سنين
وانا كُل همي اساعدك
فاسمع للكلمتين
في السر تصلى عادى
وحنكون مطمنين
لكن في الجهر حاسب
اخرك في المُستقيم
والأحوط ليك ولينا
اياك نستعين
وبعديها بكل عزمك
تهتف وتقول أميين
والفاتحه بقت رقيقه
وانبسطوا المسئولين
والناس حوالينا فرحو
ما بقوش متكدرين
وشويه شويه نبدء
نخفف م الأنين
نحذف كم آيه يعنى
ونقول مش مظبوطين

بيزعلُم جيرانا
ويزودوا الأنين
و حتاخُد أيه ياسيدى
م البقره ومن ياسين
غير ان الناس بتزعل
ويناموا معيطين
وبرضوا الاسراء بلاشها
بتخبط في التخين
بتقول قال أيه حنرجع
للأقصى ومنصورين
فطبيعي جيرانا تزعل
ويباتُم مهمومين
والدين مايقولش أبداً
إنك تكون كهين
نايم عمال تشخر
وجيرانك مهمومين
ف أعقل وشوف مصالحك
فكر في الكلمتين
ويبقى خلاص اتفقنا
وعرفنا الحل فين
والفاتحه خلاص أخرها
إياك نستعين

مطلوب اسلام بقُصا

مطلوب اسلام بقُصا
وتاتو ماا عرفش فين؟
وهوا اللى بيدي جزيه
ويحني كمان الجبين
ويكون رقيق وناعم
ويزفلطم الإيدين
عايم ومالوهش موقف
ويدوبك كلمتين
أقصى طموحو انو يفتى
في القبله تكون منين؟
وانو مايفتحش بُقو
غير بس في العيدين
يبعت كدا كام رساله
ويهني المسئولين
مبروك العيد عليكُم
ويارب مكملين
ولحد ما تدفنونا
ونغور كدا مرتاحين
نهتف الله أكبر
ونلبى مهللين
نفدنا خلاص بديننا
وأديكو مكملين
بتحاولوا فدين بقُصا
وتاتو ماا عرفش فين؟
ونتقابل بعد موتكُم
ونشوفكُم مقهورين
لا الدين طلعلو قُصا
ولا حط التاتو فين؟

شبابيك الحواري

باهت ضي الحواري
هامس صمت البيوت
شباك يفتح وفجأة
بيدرا في السكوت
وشباك تسمعلو كحه
ووراها يهل صوت
مُمكن؟
تسمح؟
سيجارة
وولعلى البرد موت
وشباك راخى الستاير
مستنى الشوق يفوت
يفتح يهمسلو أهلا
وحقيقي واحشنى موت
نورت الليل بحسك
وحيت شوق البيوت
وشباك ب خشب مدغدغ
مستنى الليل يفوت
يصحى يشوف المعايش
ويجيب أ كل البيوت
لبطون أبداً ما تشبع
وف كل ثانيه صوت
مصارين عمالا تُصرخ
يلا وجعاان حاموت
وشباك مقفول تُرابو
ممكن تسمعلو صوت
يسأل كُل اللى راجع
من سُكان البيوت
عن صاحبو وليه ماعادش
يبكوا وتسمع في صوت

بتنهنه زاد أنينها
يرحم أهل البيوت
بين اللى فارقنا عذل
وبين اللى ارتاح في موت
واللى ململم في نفسو
وبيسكُن في السكوت
واللى الغُربه ف حياتو
صبحت هيا البيوت
يمكن؟ في الغُربه لسا
ويمكن؟ كسل يفوت
وباهت ضي الحواري
وهامس صمت البيوت

ولاد الجنوب

واحنا ولاد الجنوب
بندوب في العشق دوب
من كلمتين وبسمه
نفتح باب القُلوب
ونقول لك اهلك احنا
وادخُل جوانا دوب
ومانعرفش المعايب
ولا نكسرش القلوب
والحلم بسيط وواضح
وفكلمتين يادوب
ان يعدلها ربك
ويوسع في الدروب
والستر يكون طريقتنا
ونتجمع في الغروب
كُوبايه شاي ولُقمه
والتمرتين يادوب
وتتسهل ياأخى بُكرا
وربك رب القلوب
ومادام في الزرع غله
وهانت خلاص يادوب
قرب خلاص حصادو
وبكرا حتملا الجيوب
وان يعنى الدُنيا ضاقت
نصبُر ونقول يادوب
سنتين تلاته يعنى
ونجددك يا توب
وبرضو مانتساش في جوعنا
ان احنا من الجنوب
ونضايفك برضو حتى
لو نقطع م القلوب

تاكل تشبع هنياً
ورابطين ع البطن طوب
واهلاً اهلاً وسهلاً
ومكانك في القلوب
يا منور كل حته
ونورك مالى الجنوب
وانتا تخليك معانا سنتين
وقليل يادوب
نشبع منك ونشبع
وتنور في القلوب
واحنا ولاد الجنوب
ما بنطاطيش في روسنا
ونخاف ساعة الخطوب
ونقول للموت منور
شرفت ونرمى توب
مليان خسه ومذله
وكتير جواه عُيوب
مقاسو ماجاش علينا
ولا يُمكن فيه ندوب
بنعيشها لمره واحده
ولازم يجى الغروب
والقبر يادوبو حُفره
والشاهد منو طوب
ونقو لك ياابن عمى
احنا ولاد الجنوب
وتزم وتلوى بوزك
وتقول فين الجنوب
كهربتك جايا منا
والميه وكوم حبوب
وحضارتك والمعابد
ومسلات الجنوب
وانتا بتعلف في كرشك

وتعاير في الجنوب
وافتح شباك غباوتك
بُص وشوف الجنوب
خطط وبنى المعابد
وانتا ماتعرفش طوب
غازياك كُل الممالك
ويفُكك الجنوب

وشك

وساعات وشك حيادى
وكأنك طيف بعيد
مافيهوش أبداً مشاعر
باهت ساهم شريد
وكأن اللى ف ملامحك
كهف وف جبال جليد
وساعات وشك بلادى
م الدلتا وم الصعيد
ساكت مغلوب في أمرك
لكن بتمد إيد
تهمس وتقوم مسلم
وتدور ع الجديد
وتحكى في غُلب المعايش
والمح جواك شهيد
تضحك وتجيب سيجاره
ونتكلم في المفيد
فيه شُغل ولا لسا
ما ا تقربش البعيد
واضحك تضحك وتهمس
بُكرا حتفرج أكيد

ديك عمك هريدى

ديكو لعمك هريدي
على ديك أُمو وابو ه
ناويين هُما التلاته
واتفقوا حيقرفوه
واحد بطل يأدن
والتاني بيقنعوه
والتالت أى فرخه
بتعدى يقول الو
ويبعت رقم الموبايل
وكمان ايميل ياهو
كاكت ينفش في ريشو
ويبين في المايوه
فراخونيل والله أصلى
وكمان غير السابو ه
اللى في رجل الحنين
خايف قال يتعبوه
أصل الشارع رطوبه
وبينسوا ينضفوه
والناس ملت هريدي
ومابقوش بيصدقوه
لما يقول إنو سيطر
على العشه وبيلوموه
ويزهق عمك هريدي
يصرخ يقول ياهوه
وادوني فرصة تانيه
والجد حتعرفوه
وتعود ريما لعادتها
وهريدي يقول ياهو
والناس مابقاش لسانها
غير ديك عمك هريدي

وعلى ديك امو وأبوه

المحتويات

Don't miss out!

Visit the website below and you can sign up to receive emails whenever طارق التريري publishes a new book. There's no charge and no obligation.

https://books2read.com/r/B-A-KEUT-IXTYB

BOOKS 2 READ

Connecting independent readers to independent writers.

About the Author

منشوراتي

- في بلاد الأي حد
- قلبي اللي عشقك
- إنفصامستان
- وجع القصيده
- كُل العساكر كدابين
- الصُبح في بلادي
- شباكي الفاتح
- سُلطان العاشقين
- قُليل لما باشتاقلي
- دوايرك
- دم الحُسين
- على باب الله
- صباح القُدس
- عند باب الحلم
- لماكانت مصر دوله

<u>ذكريات الميدان</u>
<u>التُهمه عربي</u>

Read more at tarqablog.blogspot.com.

www.ingramcontent.com/pod-product-compliance
Ingram Content Group UK Ltd.
Pitfield, Milton Keynes, MK11 3LW, UK
UKHW040030200726
13854UKWH00001B/449

9 798215 301708